CHARLA
D1351490

imram ¦ odyssey

Celia de Fréine

imram ¦ odyssey

ARLEN
HOUSE

imram ┆ *odyssey*

Foilsithe i 2010 ag
ARLEN HOUSE
(*Arlen Publications Ltd*)
Bosca 222
Gaillimh
Éire
Fón/Facs: 00 353 86 8207617
Ríomhphost: arlenhouse@gmail.com

Dáileoirí i Meiriceá Thuaidh
SYRACUSE UNIVERSITY PRESS
621 Skytop Road, Suite 110
Syracuse, NY 13244–5290
Fón: 315–443–5534/Facs: 315–443–5545
Ríomhphost: supress@syr.edu

ISBN 978–0–905223–09–4

Clóchur ┆ Arlen House
Priontáil ┆ Brunswick Press
Grianghraf an údair ┆ Biju Viswanath
Saothar ealaíne an chlúdaigh
'Féin-Phortráid' le Rita Dawley

Tá Arlen House buíoch de
Chlár na Leabhar Gaeilge
agus d'Fhoras na Gaeilge

Foras na Gaeilge

Clár | Contents

42	mála
43	bag
44	uair sna naoi n-airde
45	once in a blue moon
46	go bhfásann oráistí ar chrann darach
47	'til oranges grow on an oak tree
48	cuireadh
49	invitation
50	crainn
51	trees
52	teanga
53	tongue
54	de cheal an chogaidh
55	in the absence of war
56	teachtaireacht
57	message
58	rian
59	trace
60	a chara
61	dear friend
62	cat
63	cat
64	dílleachta na deise
65	orphan of opportunity
66	sa reilig
67	in the graveyard
68	réimeas
69	reign
70	néalta
71	clouds
72	andúil
73	craving

do
Fran, Nancy, Rita agus Sharon

BUÍOCHAS LE ¦ THANKS TO

Rita Dawley, Maggie O'Dwyer, Gerry McCloskey,
Phyl Herbert, Lia Mills, Catherine Dunne, Ivy
Bannister, Mary Rose Callaghan.

imram ¦ odyssey

dóchas

Faoi dheireadh tagaim ar bhád beag le dóchas a leagan
ann. Ceann a fháiltíonn romham is a stiúrann ar m'aistear
mé, a thóin ghloine mar scáileán a thugann léargas
ar na héisc is na crústaigh is na daoine a chuireann fúthu
ag bun an aigéin, ach sular féidir liom éisteacht lena ndúirse
dáirse, nó iarraidh orthu rabhcán maraí a chasadh
lenár dtionlacan, éiríonn an Bóra ag bun na sceire thíos.

Agus muid ár dtuargaint ag na tonnta, breathnaím
sómas an fhómhair, a d'fhéadfainn a bhrath,
ag téaltú leis taobh thiar d'íor na spéire. Déantar
liobar is leadhb de bhileog chuile phlean, smístear
ina smidiríní gach iarracht ar iomramh is caitear an bád
lena phaisinéir aonarach i dtreo screabáin, áit
a dtagaimid i dtír, batráilte, briste, gan lasta ar bith.

hope

At last I discover a small boat to store hope in, one
that welcomes me on board and steers me on my journey,
its glass bottom a screen through which I glimpse
the fish and the crustaceans and the people who live
on the ocean bed, but before I can listen to their tittle-
tattle, or ask them to sing a sea shanty to accompany
us, the Bora rises on the far side of the reef.

Pounded by waves, I watch the autumn
ease I could have enjoyed, slink off beyond
the horizon. The leaf of every plan is torn
to shreds, all attempts at rowing pummelled
to smithereens, as the boat with its single passenger
is flung onto stony soil where we come
to rest, battered, broken, without any cargo.

giosta

An íota chun eachtra ídithe orm, géaraíonn easpa
lóin mo ghoile sa chaoi go bhfaighim spléachadh
ar an gcailín úd a d'fhanadh sa scuaine ag *Ye Olde
Griddle* lena rollóga iomráiteacha a bhlaiseadh.

Agus mé ag gearradh trí na cúlsráideanna braithim
boladh an ghiosta ar an ngaoth, faoi mar a sceith sé
thar chiseán an asail i Santoirini, ag fógairt sos

cogaidh. Éiríonn an boladh níos láidre go dtagaim
ar fhir is ar mhná faoi hataí arda ag úspaireacht leo
le hiomad builíní éagsúla a chur ar fáil.

Cuireann faoiseamh ó *cuisine* an chomhionannais ríméad
orm, cé go n-airím uaim sábháilteacht an bhaile lena ghlas
Chubb is a bholtaí, a mhúchtóir dóiteáin le hais an dorais.

yeast

My thirst for adventure quenched, hunger for
lunch sharpens my appetitie so much so that
I glimpse that girl who used to wait in line at
Ye Olde Griddle to taste their famous baps.

Cutting through the back streets, the smell
of yeast wafts towards me, just as on Santoirini
it spilled from the donkey's pannier, announcing

a ceasefire. The smell becomes stronger
until I come upon men and women in tall hats
labouring to provide a variety of loaves.

Relief from the cuisine of uniformity pleases me,
though I miss the security of home with its Chubb
lock and bolts, its fire extinguisher by the door.

gadaí

An chéad dá oíche agus mé anseo glacann
gadaí na samhlaíochta – rud dubh dorcha –
seilbh ar an mballa os cionn mo leapa.

I dtosach bím chomh lagmhisniúil sin nach bhfuil
an dara rogha agam ach géilleadh dá scréacha, ceap
magaidh á dhéanamh aige díom, ach ar an tríú lá

músclaím an misneach chun breathnú air faoi sholas na maidine
is feictear dom nach bhfuil ann ach rud beag bídeach
atá á fhéinchiapadh ag fuip an díchreidimh.

Is cosúil nach gá ach fial trócaire leis na riabhóga ar
a chliabhrach a choscairt is croí a chruthú díobh.

thief

My first two nights here the thief
of the imagination – a dark black thing – takes
up position on the wall above my bed.

At first I'm so fed-up I have no choice but
to submit to his mockery as he pokes fun
at me but on the third day I summon

the courage to look at him in the morning
light and see that he is only a wee small thing
given to torturing himself with the whip of disbelief.

It seems that all that's needed is a vial of pity
to meld the stripes on his chest and so create a heart.

damhsa domhnaigh

Faoi mheán lae Dé Domhnaigh tá a dóthain ag an mbean.
Páirceálann sí a carr laistíos dem fhuinneog is glacann
seilbh ar oileán féir os comhair an déantóra mótar. Ligeann
a mac, lapadán linbh, liúbhéic le hiontas mar nach bhfuil
éinne ag tabhairt airde air. Fanann a dheirfiúr, cúpla bliain
níos sine, ciúin. Faoi mar a bheadh gach rud feicthe cheana aici.

Leathann an mháthair pluid thar an oileán, mar
a d'éileodh ceannródaí ceart ar phíosa talún,
is scaipeann bréagáin air. Faoin am seo tá fir in éide
ag déanamh ar an áit. Ceathrar póilíní i scuadcharr.
Ceathrar paraimhíochaineoirí in otharcharr. Ag baint
a cuid éadaigh di, ligeann an bhean scréach lena fón póca.

Agus na fir ag teacht timpeall uirthi greamaíonn
an ghirseach í féin de chos a máthar. Tá gach rud
feicthe cheana aici. Tarraingíonn na póilíní
a lámhainní leathair orthu, glacann seilbh ar na bréagáin
is meallann ise is a deartháir isteach ina lámha.
Go hionúin áilghean mar a dhéanfaidís lena ngasúir féin.
Bogann siad pluid na dúile chuig an taobh eile den tsráid
chuig an bhfearann a bhfuil seilbh glactha ag an dlí air.

Tarraingíonn na paraimhíochaineoirí a lámhainní rubair
orthu is timpeallaíonn an píosa talún, a bhfuil an bhean
ag seasamh an fhóid den uair dheireanach air, ag labhairt
go cneasta léi, ag geallúint di nach scaoilfear saighead lena
croí, nach mbainfear an craiceann di. Ansin síneann an bhean
a lámha amach agus coiglíonn siad le veist cheangail í.

Agus í á hardú ar shínteán, breathnaíonn sí ar a gasúir
ina suí in aice na bpóilíní is samhlaítear di an chríoch
nár fhulaing faobhar amach rompu is an teaghlach
arbh fhéidir a mbeadh spás ina vaigín acu dóibh.

By midday on Sunday the woman has had enough. She
parks her car beneath my window and takes possession
of an island of grass in front of the motor manufacturers.
Her son, a toddler, screams, wondering why no one is
paying him attention. His sister, a couple of years older,
stays quiet. As though she has seen it all before.

The woman spreads a rug on the island,
as a pioneer would lay claim to a piece of earth,
and strews it with toys. By this time men in uniform
have begun to arrive. Four police in a squad car.
Four paramedics in an ambulance. The woman
cries into her mobile, tears off her clothes.

As the men begin to circle, the girl clings
to her mother's leg. She has seen it all before.
The police pull on their leather gloves,
take hold of the toys and coax her
and her brother into their arms. Gently,
as they would their own kids. They shift
the hope-rug to the far end of the street,
to the territory taken over by the law.

The paramedics don their rubber gloves
and circle the piece of earth where the woman
is making her last stand, speaking quietly to her,
promising she will not be scalped or have
an arrow pierce her heart. And then she holds
out her arms and they wrap her in a straitjacket.

As they lift her onto a stretcher, she sees her children
with the policemen, and imagines the unexplored
terrain that lies ahead of them, and the family
who might have room for them in their waggon.

talamh eadrána

Tuige an talamh eadrána idir theorainneacha
an dá thír seo, áit a dtomhaistear coiscéimeanna
de réir an spáis idir dhá stampa?

An é gur thug cibé duine a roghnaíonn críocha
faoi deara go mbíonn cloichíní ag luascadh
ó thaobh go taobh, go lúbtar i dtreo áirithe

na ribí féir mar a bhuaileann an teidhe
an ghaoth, is go mbogann éiníní brosna
is píosaí cré ó thír amháin go tír eile?

Nár chualathas faoin oileán úd ina bhfuil an teorainn imithe
as radharc, áit nach ndéantar díbheargaigh gach trasnaithe
níos mó dá muintir, iad i ngrá leis siúd nach gceadaítear dóibh?

no man's land

Why the no man's land, between the borders
of these two countries, a place where footsteps
are measured by the space between two stamps?

Could it be that whoever decides on
boundaries has noticed that pebbles wobble
from side to side, blades of grass bend

a certain way, according to the whim of the wind
and that birds have been known to carry
twigs and pieces of earth from one country to the other?

Have they not heard of that island where the border has
disappeared, where its people are no longer brigands
of each crossing, lovers of what they are forbidden?

bíobla lae

Leabhar ar lindéar na maidine ag fanacht lena
léamh, na leathanaigh i scáthanna de bhán,
na litreacha i scáthanna de dhubh, le cur i gcuimhne
dom go bhfuil gach leathanach fillte ina dhá leath,
gach ceann acu dearg ar an taobh tuathail.

Nach mór an t-iontas a tháinig orm an chéad lá
ar oscail mé é is ar sceith fuil ó na fillteacha,
díreach mar a thagaim ar ainmneacha gach lá
i gcaolsráid gach baile, áit ar sheas na laochra
an fód i gclapsholas na tíorántachta.

daily bible

A book on the lintel of morning waits to be read,
its pages in shades of white, its letters in shades
of black to remind me that each page has been
folded in two, that each is red on its verso.

How surprised I was when I first opened
it and blood spilled from the folds, just
as each day I come on names on plaques
in alleys in every town, where heroes fought
their last in the dusk of tyranny.

scáth

Agus mé ag siúl i dtreo Šalara, beireann mian orm
is déanann iarracht mé a choinneáil cois farraige, áit
a bhfuil na báid ag luascadh is na *ljudi** amuigh ag siúl
lena bpáistí is lena madraí, ach beartaím leanúint liom.

Síneann mo scáth amach taobh thiar díom – ní
theastaíonn uaidh filleadh ar Šalara ach oiread
agus cé go bhfuil sé ceangailte dem chos, beireann
greim ar dhoras an óstáin, é ag éirí níos gruama
is níos tanaí de réir mar a théim ar aghaidh.

Coinníonn *ljudi* an bhaile orthu, ag teacht is ag imeacht,
ag baint sult as an tráthnóna lena bpáistí is lena madraí
is leanann mo scáth air ag éirí níos ceanndána is níos
soshínte go bhfuil sé chomh tanaí le rópa scipeála
nach féidir ach liomsa amháin a fheiceáil.

I rith na hoíche cloisim ag bualadh na talún é, mo roghanna
ag léim anonn is anall air. Faoi mhaidin níl aon dul as –
caithfidh mé filleadh is fanacht go gcrapann sé ina chruth cait
a luífidh síos ag crónán dó féin le balla an chuain.

* *daoine*

shade

As I head towards Šalara, a notion grabs hold of me
and tries to keep me by the sea, where the boats are
rocking and the *ljudi** out walking with their children
and their dogs, but I decide to keep on going.

My shade stretches out behind me – it doesn't want
to go back to Šalara either and though attached
to my foot, grabs hold of the hotel door, growing
thinner and more morose as I continue on.

The *ljudi* of the town keep coming and going, enjoying
the evening with their children and their dogs. And
my shade keeps on growing more stubborn and more
elastic until it is as thin as a skipping rope that only I can see.

During the night I hear it hit the ground, as my choices
jump back and forth. By morning there's nothing for it
but to return and wait until it contracts to a cat shape
that will lie down and purr by the harbour wall.

* *people*

anois

agus leid den todhchaí ag dul thar bráid

— Srečko Kosovel

Bhí an ceart agat faoi chlíchéanna — ba chóir iad
a shá sa mhúsaem, ach cá bhfuil an t-imeartas,
a bhéarfaidh ar an gcroí le fáil,

fad is atá an tsamhlaíocht i seilbh
an duaircis? Má bhí chuile ní á ligean i léig
led linn, níos measa an méid atá ina áit anois.

Sa todhchaí úd a bhfuair tú spléachadh uirthi, lena
rímeanna gan bhrí, caithfidh go bhfacthas duit
cathaoir fholamh le hais do dheisce, spás ar an mbinse

faoi bhun na visteáiria, na focail úd, nach raibh srian
fós curtha agat orthu, ag éirí aníos ón seomra feithimh,
á slogadh ag muir ghléghlan na hoíche.

now

an inkling of the future is passing us by
                                    – Srečko Kosovel

You were right about clichés – they should
be shoved into museums, but where
to find the dynamic, that will seize the heart

when the imagination is in the grip of gloom?
If everything was losing its value in your day,
it has now been replaced by what is worse.

In that future you glimpsed, with
its unconvincing rhymes, you must have
seen an empty chair by your desk,

a space on the bench beneath the wisteria,
the words, you hadn't yet harnessed, float up from
the waiting room, swallowed by the crystal sea of night.

an chailleach bhándearg

Agus spléachadh á fháil agam ar fháithim d'fhallainge
i dtaobhscáthán mo chuimhne, nochtar dom
na ceathracha bliain a lean tú trí na néalta mé
ar rothar úrnua a bhí díreach cosúil leis an gceann
ar dhath-an-tsilín-is-an-chruidín a bhí tar éis
leandáil i bhfuinneog an tsiopa in am don Nollaig,
do na gasúir úd a raibh airgead ag a dtuismitheoirí.

Thar na blianta d'fhéadainn do gháire
a chloisteáil agus geábh á thabhairt agam
ar Neilí Ard an Tuaiscirt, ná nuair a bhrúinn
luasaire an *Volkswagen Beetle* athláimhe úd.

Anois nuair a chastar lena chéile faoi dheireadh muid
i rotharchlós an stáisiúin raidió seo, feictear dom
go bhfuil tú chomh sean leis an díomá, chomh meirgeach
leis na scéalta nach féidir leo mo thachtadh níos mó.

the pink witch

As I glimpse the hem of your cloak in the wing-
mirror of my memory I can see the forty years
in which you followed me through the clouds
on a brand new cerise-and-kingfisher bike, just like
the one that landed in the shop window in time
for Christmas, for those children whose parents had money.

Down the years I could hear your laugh
when I went for a spin on that Northern
High Nellie, or pressed the accelerator
on that secondhand Volkswagen Beetle.

Now that we finally meet in the bicycle
park of this radio station, I can see you
are as old as disappointment, as rusty
as the tales that can no longer choke me.

gráinneog

Samhlaigh dá bhféadfaí cluas bhodhar a thabhairt
do bhúir an tráchta, luí siar i bhfannchlúmh na sástachta,
gan de stocairí im sheomra, ná de ghuthanna dom ordú
chuig ócáidí nach bhfuil suim agam iontu –

nó dá n-aiséireodh an ghráinneog úd leis na boinn
a pholladh, dá n-ardódh tuar ceatha maighnéadach
na carranna úd lena ndumpáil sa chairéal –

seans go líonfaí na lánaí le rothair ansin, plab
a mbonn is cling-cling a gcloigíní i dtiúin
le sioscadh an uisce is monabhar na gcrann,
ceolbhuíon a chuirfeadh chun suain mé.

hedgehog

Imagine were it possible to turn a deaf ear
to the traffic's roar, to sink into the eiderdown
of content, no interlopers in my room, or voices
ordering me to functions I've no interest in –

were that hedgehog to arise and puncture
the tyres, a magnetic rainbow to lift
those cars and dump them in the quarry –

perhaps the lanes would then fill with bicycles,
the whoosh of their tyres and ting-a-ling of their bells
in tune with the water's whisper, the rustling of trees:
an orchestra that would lull me to sleep.

ith an t-oráiste

Ar maidin agus mé idir dhá chomhairle: ar chóir dom
fanacht nó bailiú liom, rollann oráiste isteach im vardrús
is luainíonn ar imeall na seilf os cionn mo chuid éadaigh.

Breathnaím air ag braiteoireacht ó thaobh go taobh, mé
ag súil go dtiocfaidh sé anuas de thuairt, ach éiríonn leis
a chothrom a bhaint amach is casann a ghas im threo,
amhail is dá mbeadh á rá: cén fáth nach stróiceann tú
an craiceann díom le sclamh a bhaint as mo smúsach?

Ní fada go ndéanaim cinneadh: ar lámh amháin,
cén chaoi a bhféadfainn é a ithe agus cairdeas
cruthaithe eadrainn; ar an lámh eile, bheadh sé
amaideach é a dhíbirt chuig cibé cúinne den seomra
as ar tháinig sé agus ligean dó fanacht ann
go seargódh a chraiceann, go bhfeofadh,
a chuid feola ag cur a bhréine in iúl do dhuine éicint eile.

eat the orange

This morning as I wonder whether to go or stay,
an orange rolls into my wardrobe and teeters
on the edge of the shelf above my clothes.

I watch it sway from side to side, expecting
it to come crashing down, but after some time,
it reaches an equilibrium of sorts and turns
its stalk to me as though to say: why not
rip off my rind and bite into my pith?

It isn't long before I decide: on the one hand
how could I devour it now that we are almost
on speaking terms; on the other it seems foolish
to banish it to whichever part of the room it has
come from and let it languish there until
its skin shrivels, its flesh putrefies,
and the stench alerts someone else to its presence.

teach plečnik

Breathnaíonn an póirse tosaigh ó thuaidh
lena cholúin nach dtugann tacaíocht don díon.
Ná níl na potaí simléir is na leacáin,
atá scaipthe thart, tar éis titim anuas.

Cuimhní cinn iad uilig a sciobadh ó thionscadail a thóg
an t-ailtire seo, mar a choinneodh marsúipiach fiacail
bhabaí nó dual gruaige ina mhála, ar léimt thart dó.
Laistigh den teach tá staidéar. Cruinn. Deasc
a bhfuil goib, pinn, is rialóirí leagtha amach
go cúramach uirthi, péire buataisí thíos fúithi

mar a bheadh a n-úinéir i ndiaidh iad a fhágáil ann
sular theith sé chuig a chluthair – áit a mbreathnaíonn
a mhic léinn a smaointe ag casadh i dtreo na síleála,

scáileanna á gcaitheamh ar an ngrúpa cruinnithe thíos fúthu,
gach duine acu ar bís le cleasa na ceirde a fhoghlaim,
gach duine acu ag téamh a thóna leis na píopaí
a cuireadh i gceilt go cliste taobh thiar den vuinsciú.

plečnik's house

The entrance porch faces north with its pillars that
don't support the roof. Nor have the chimney stacks
and tiles, that are scattered about, tumbled down.

These are all souvenirs snatched from projects by
their architect, just as a marsupial might keep a baby
tooth, or a lock of hair in its pouch as it hops about.

Inside the house there is a study. Round. A desk
on which nibs, pens, rulers, are carefully laid
out. A pair of boots underneath that suggests

their owner had placed them there before
nipping off to his snug – where his students
watch his thoughts curl upwards towards

the ceiling, cast shadows on the coterie gathered
below, each of them eager to learn the tricks
of the trade, each of them warming his backside
on the pipes cleverly concealed behind the wainscot.

fearas

Ní fada an siúl é thar na déantóirí mótar is an gléasra
cóimeála chuig an áit ina síneann na goirt siar lena
móinéir arbhair, a sraitheanna fíniúnacha, is corr-
chrann pomagránaití. Gach ceann acu leagtha amach
go paiteanta leis an úsáid is fearr a bhaint as an gcré.

Is cuimhin liom an áit eile úd, inar shín móinéir
arbhair fad ár radhairc uainn, mé féin is mo chompánach,
chomh bocht leis an deoir, ag taisteal ar bhus a bhí tar éis
cliseadh, ag tabhairt ruathair ar na móinéir sin gach maidin.

Ó shin i leith ní fhéadainn na síolta beaga buí sin
a dhíleá, ag caitheamh sa bhruscar aon cheann acu
a d'fhuaidríodh isteach im shailéad, díreach mar
a thiteann na cáithní seo ar thaobh na hEorpa,
mar aon leis na caora fíniúna is síolta na bpomagránaití.

husbandry

It's only a short walk past the motor manufacturers
and assembly plants to where the fields spread
out with their meadows of corn, rows of vines
and the odd pomegranate tree. Each expertly
arranged to make the best use of the soil.

I remember that other place, where meadows of corn
stretched as far as the eye could see, and how my companion
and I, pennilesss, travelling on a bus that had broken
down, would raid those meadows each morning.

Ever since I've been unable to digest those small
yellow grains, consigning to the bin any strays
that made their way into my salad, just as
these husks of corn fall by the wayside of Europe,
along with the grapes and pomegranate seeds.

céasadh

Ó tharlaíonn go bhfuil an teorainn trasnaithe
againn, is féidir cuairt a thabhairt ar pháirc
na laochra is ar ionad a gcéasta, breathnú
ar an raca ar a síntí gach íobartach go raibh sé
níos airde is níos tanaí ná sármhainicín ar bith.

Anseo freisin, tá a bhfuil fágtha de na cloigíní
a bhailigh Mussolini le piléir a dhéanamh díobh.
Leagaim lámh ar cheann acu ach balbhaíodh é nuair

a baineadh a chroí de, faoi mar a bhalbhaítear mo chlamhsáin
faoi na tuáillí beaga a bhíonn dom ghaineamhú gach maidin,
na corrmhíolta a bhíonn dom sclamhadh gach oíche.

Coinníonn an Mirna uirthi ag ní pheacaí an tsléibhe,
is síneann mo threoraí a lámh aníos chuig géag
le caor an *ladonja* a phiocadh dom.

torment

Now that we have crossed the border,
we can visit the heroes' park and their place
of torment, look at the rack on which each
victim was stretched until he became taller
and thinner than any supermodel.

Here also are what's left of the bells gathered
by Mussolini to make bullets. I lay my hand
on one, but it was silenced when its heart was

ripped out, as are my complaints now about
the small towels that sand me each morning,
the mosquitoes that devour me each evening.

The Mirna flows on, washing the sins
of the mountain. My guide reaches up to a branch
and picks for me the fruit of the *ladonja*.

mála

Ar mo bhealach ar ais chuig mo sheomra leandálann
síol seiceamair im mhála, á shoipriú féin idir na stocaí
atá díreach ceannaithe agam, glaise an níolóin
á chaomhnú laistigh de scáil bhándearg an phlaistigh.

Is léir nach le gaoth, le hainmhí, ná le sruth a chinnfear
todhchaí na ruainneoige seo: nuair a thit sé
as an mbroinnghéag, inar rugadh is inar tógadh é,

gur dhiúltaigh sé don talamh féilteach sin
inar chuir na glúnta, a ndeachaigh roimhe fúthu,
ag roghnú ina ionad na sintéise atá i ndán anois dó.

bag

On my way back to my room a sycamore seed
lands in my bag and nestles between the stockings
I have just bought, the greenness of the nylon
cosseting it inside the pink shade of the plastic.

It seems that the future of this scrap will not be
decided by wind, animals or water: that when it fell
from the branch-womb where it had been born

and raised, it baulked at the fertile ground in which
previous generations had taken root, opting instead,
for the synthesis of what now lies in store for it.

uair sna naoi n-airde

Deirtear go bhfuil rud éicint tábhachtach le tarlú
anocht: sipeálfaidh na sionnaigh bhaineanna
a nósanna díobh, sciobfaidh na maighdeana
a níochán leo, gan éinne acu in ann a chreidbheáil
go bhfuil a saol le hathrú don am i láthair.

Anseo, *vukejebina*,* ní gá fanacht go lasfaidh bun
toitín an bara críonaigh atá dod bhacadh le tamall.
Nó ná bí ag súil go ngreamóidh d'fhadhbanna den
bhollán atá á bhrú tríd an bportach ag Liam na Sop.

Déan cinnte go bhfuil tú sách ard chun greim a bhreith
ar réalta na dánachta sula bplabann sí isteach sa linn,
á hathrú go scáthán nach bhfuil aon cheo le feiceáil ann.

* *áit a bhfocálann madraí allta*

44

once in a blue moon

They say something important will happen tonight:
vixens will zip off their habits, virgos will whisk
in their washing, none of them daring to believe
that their life is about to change, for now.

Here, *vukojebina*,* there's no need to wait for
a cigarette butt to ignite the barrow of deadwood
that has been blocking you this past while. Nor should
you expect your problems to cling to the boulder that
Will-o'-the-wisp is pushing through the marsh.

Make sure you're tall enough to reach the star
of bold before she crashes into the pond
transforming it to a mirror that gives off no reflection.

* *where wolves fuck*

go bhfásann oráistí ar chrann darach

Más áil leat rud éicint a fháil, déan tréaniarracht
ar é a thriail. Níl an duine úd, a d'fhéadfadh é
a dháileadh ort, ag iarraidh go mbeidh sé agat mar
go bhfuil a fhios aige, ach go háirithe, gurb áil leat é.

Ach ní gá a chupán tae a mheascadh le spúnóg
arsanaice, sruth leictreach a rith trína fholcadán,
gaiste a cheilt ina chúlghort. Caithfidh tú

a chur ina luí air go bhfuil cluain curtha aige
ort, go lífidh tú na grabhróga dá bhos,
go gcúlóidh tú le sult roimh gach buille.

Ansin, nuair a gheallann sé breith do bhéil féin duit,
gread leat chuig an margadh agus, led chúpla bonn
deireanach, ceannaigh bosca oráistí is úllachán sreinge.

'til oranges grow on an oak tree

If you crave something you must search
hard for it. The person who can give it
to you doesn't want you to have it, not
least because he knows you really want it.

But there is no need to stir a spoon of arsenic
into his tea, run an electirc current through
his bath, conceal a trap in his back field.

You must convince him that he has you in
his thrall, that you will lick the crumbs
from his hand, flinch with pleasure from each blow.

Then, when he promises to grant your wish,
head straight to the market and with your last
few coins, buy a box of oranges and a ball of twine.

47

cuireadh

De thaisme faighimid cuireadh teacht chuig
an ardseomra a bhreathnaíonn anuas
ar chlós ina bhfuil crann ársa ológ

clós ina gcasann na mná amhráin,
ag mealladh na dtorthaí anuas ar an gcosán
a shíneann siar chuig an am fadó.

Armóin na n-amhránaithe, seachas
focail an amhráin, a bhaineann
ár n-aire ó na tóirshoilse

is ó mhíbhinneas na mbréag
a bhloscann ina gcluasa siúd a imíonn
ina nduine is ina nduine síos an cosán.

Ar feadh nóiméid déanaimid dearmad orthu siúd
atá sáinnithe ar an mbóthar ón gCróit, a bheannóidh
as a aithle seo dúinn, le himleabhar is le barróg.

invitation

A chance invitation brings us
to the high room that overlooks
a courtyard with an ancient olive tree

a courtyard where women sing,
coaxing the fruit of the tree down
onto the path to bygone days.

The singers' harmony rather
than the words of the song
distracts us from the searchlights

and the cacophony of lies
that blares into the ears
of those who file down the path.

For a moment we forget those who are stranded
on the road from Croatia, who will greet us
afterwards with a book and an embrace.

crainn

Cé go ndearna mé dianchuardach, níor éirigh liom
poibleog ar bith a aimsiú sa cheantar seo,
ach tá mo dhóthain de chufróga fulaingthe agam:
feicim ag máirseáil ar na cnoic iad, ag gardáil na reilige,
ag bagairt ar na hanamacha úd nach bhfuil ar a suaimhneas.

Ach cén fáth ar roghnaíodh do na dualgais seo
thar aon chrann eile iad, thar an bpoibleog,
mar shampla? D'éirigh péire díobh lagspridiúil
ag feitheamh le freagra is d'éag ar mhám na n-oilithreach
gan ach rósanna plaisteacha mar chomhluadar acu.

trees

Though I've searched hard, I haven't been
able to locate any poplars hereabouts,
but I've had my fill of cypresses: I see
them marching on the hills, guarding the graveyard,
threatening those souls who aren't at peace.

But why were they chosen for these tasks
above all other trees, for example, the poplar?
Two of them got fed-up waiting for an answer
and died on the pilgrims' pass
with only plastic roses for company.

teanga

LJUDI FUCK OFF; G8 FUCK OFF a mholann
an graifítí san áit ina labhraíonn an scríbhneoir faoi:
perished partisans a bhí *fussilated by the fascists.*

Éistim le dreasa nua cainte ag bocáil
thar líon na tuisceana, gach ceann acu ag baint
pioc úr líonolla, slaod úr míthuisceana leis.

Umhlaíonn muintir na háite dom, ag fiafraí díom anois
is arís, cén chaoi a ndeirtear focal áirithe mar gur mise
an t-aon chainteoir dúchais Béarla ar an láthair.

tongue

LJUDI FUCK OFF; G8 FUCK OFF the grafitti
urge here where the writer talks of:
perished partisans who were *fussilated by the fascists.*

I listen as new expressions ping back and forth
across the net of understanding, each bringing
with it an extra jot of lint, a new layer of confusion.

The locals defer to me, asking now and then
how to pronounce a certain word as I am
the only native speaker of English here present.

de cheal an chogaidh

Bheadh ar na gasúir sin, a rugadh idir dhá chogadh,
a n-óige a chaitheamh i nganntanas na coimhlinte
a bhí díreach críochnaithe, a fhios acu go raibh
daoine in áiteacha eile ina mbíodh bréagáin.

Slán sábháilte sa tsaoirse ar thug a dtuistí a saol
ar a son, bheadh orthu an scoil a fhágáil
roimh am, a rogha blianta a chaitheamh ag obair
i monarcha, le go bhfaigheadh a ngasúirsean
na deiseanna nach raibh ar fáil dóibh féin.

Agus na déaga á mbaint amach ag na gasúir sin,
ba ghá iad a chosaint ó tharcaisní na mbuíonta
a tógadh le saoirse eile. Ansin bheadh siadsan,

a rugadh idir dhá chogadh, in ann ainm
a leagan ar an teannas úd a raibh taithí
ag a dtuistí air sular scaoileadh an chéad urchar.

in the absence of war

Those children born between wars would have
had to spend their youth growing up in the scarcity
of the strife just ended, knowing that there were
people in other places where toys existed.

Safe in the freedom their parents had given
their lives for, they would have had to leave
school at an early age, spend their best years
working in a factory, so that their own children could
avail of what they themselves had missed out on.

And as these children reached their teens,
they would have had to be shielded from
the taunts of gangs, raised in a different freedom.

Then those who had been born between wars
would have been able to name the tension
their parents knew before that first shot was fired.

teachtaireacht

In ionad bréidín a bhualadh san amhrán luáin áitiúil seo,
is ormsa atá na buillí dírithe. Agus mo chloigeann ar tí
pléascadh, gearrann blipeanna téacs tríd an ruaille buaille.

Tar abhaile, ar sé, *tá do sheal caite agat; fáilteoimid
romhat le huisce beatha is ispíní, is bronnfar gradam ort.*

Cé go mealltar ag íomhá an fhaoisimh mé, tá m'fhocal
tugtha agam: caithfidh mé fanacht go gcríochnaíonn
an t-amhrán seo, faire go gcrapann bréidín mo mheoin,
is go gcrochtar doras na hargóinte ar ais ar a insí.

message

Instead of tweed being pounded in this local waulking
song, I am the recipient of the blows. My head is about
to open when the blips of a text cut through the din.

Come home, it says, *you've done your time; we will welcome
you with whiskey and sausages and award you an honour.*

Though tempted by the thought of a respite, I have
given my word: I must hear this song through,
watch as the tweed of my temperament is shrunk
and the door of argument hung back on its hinges.

rian

Is deacair suí go ciúin ar an mbinse seo tar éis
an méid a tharla. Déanaim iarracht an athuair

léaslíne mo mheabhrach a bhaint amach, ach nuair
a sceitheann *Tic Tacs* as mo mhála, crochann mo phleananna

leo níos sciobtha ná na grabhróga a scaip Hänsel is Gretel.
Más mian liom rian a fhágáil i naíonra na héagmaise

caithfidh mé focail a aimsiú nach bhfuil chomh bán
ná chomh dúr sin go ndiúltaíonn fiú na gcolúr dóibh.

trace

It's hard to sit still on this bench after all
that's happened. Once again I try to reach

my mind's horizon but, when Tic Tacs spill
from my bag, my ideas disappear as fast

as the crumbs scattered by Hänsel and Gretel.
If I want to leave a trace in the nursery of absence,

I'll have to find words that aren't so white
or so hard that even the pigeons refuse them.

a chara

Ná bac leis na casracha tine a scréachann
thar na lipéid a deir cé muid is cá bhfuil ár dtriall.

Ní heol dúinn cén áit í sin go sroichimid í
is go nglacann an éagoitiantacht, a raibh muid

aineolach uirthi, seilbh orainn. Ceapann siadsan
a léann na lipéid gurb eol dóibh céard atá i ndán

dúinn ach níl ach muid féin in ann ár gcásanna
a oscailt. Anocht tá mo phaicéad málaí tae

beagnach ídithe, do chóir leighis ag druidim
chun deiridh. A luaithe a chríochnaíonn

an stoirm beimid in ann an todhchaí a dhíphacáil
is an ghrian a bhreathnú ag éirí ar fhéilire ár ndúile.

dear friend

Ignore the lightning flashes that illuminate
the labels that say who we are and where

we are going. We will know that only when
we reach there and are enveloped

by the strangeness of what we never knew.
Those who read those labels think

that they know what's in store for us,
but only we ourselves can open our cases.

Tonight my packet of teabags is almost empty,
your treatment almost done. As soon as the storm

passes we can unpack the future and watch
the sun rise on our calendar of expectation.

cat

Nuair a tháinig mé anseo d'ion-análaigh mé an t-aer
agus na taibhsí a saolaíodh sa chlapsholas leis,
iadsan a labhair faoi sheacht gcéad de riail impireachtaí
is ríochtaí a bhrúigh an cumannachas faoi chois.

Agus le scéal gach réimis tháinig scréacha
na laoch is na manach. Rinne mé iarracht
a scéalta a athinsint inniu ach bhí drogall orthu
sleamhnú as mo mhéar isteach im pheann.

D'éag Pangur Bán gar don áit seo. Cat a thuig
cúrsaí cuibhreannais is oibre. Níl anseo anois ach
Lisa Dhonn nach dtagann isteach sa teach
ach le pleidhcíocht is le caitheamh aníos.

cat

When I came here I inhaled the air and with
it the ghosts begotten at twilight, who
spoke of seven hundred years of empires
and kingdoms crushed by communism.

And with the story of each reign came
the shrieks of heroes and monks. I tried
to retell their stories today but they were
reluctant to slide out of my finger into my pen.

Pangur Bán died not far from here. A cat
who understood the meaning of companionship
and work. All that's here now is *Lisa Dhonn*
who only comes into the house to frolic and puke.

dílleachta na deise

Sníonn uisce an fhuaráin thar éadaí na maighdine,
ag baint na smál dá bhfillteacha. Bailíonn duilleoga
sa pholl dalláin, ag fanacht leis an lá a gcuirfidh an babhla
thar bruach is a nífidh an t-uisce marmar an chosáin.

Tá cuireadh faighte ag chuile dhuine eile chuig
an mbalcóin le buanna na heagarthóireachta
a mhalartú ar iarratais deontas, im á leathadh
thar *croissant* na heagraíochta acu.

Cuimhním ar an áit a gcaithfidh mé an oíche,
an tairseach a thrasnóidh mé, leis na smaointe seo
a dhéanann dílleachta díom i ngan fhios d'éinne eile.

orphan of opportunity

The water in the fountain flows over the maiden's clothes,
washing the stains in their folds. Leaves cluster in
the plughole, gathering for the day when the bowl
overflows and water washes the marble in the footpath.

Everyone else has been invited to the balcony
to barter the merits of editing with grant
applications, spread butter
on the croissant of organisation.

I think of where I will spend the night, the threshold
I will cross, with these thoughts that make
an orphan of me, unknown to anyone else.

sa reilig

Fadó agus do thuistí ag taibhreamh fút, ar chuimhneach
leo céard a déarfadh na comharsana: *D'fhéadfainn
teitheadh leis. Tá seisean chomh críonna sin
go gcaithfidh go raibh sé anseo cheana.*

Agus gach uair a bhuaileadh do bhreithlá leo, an mbídís
ag taibhreamh faoin gcaoi a mbreathnófá, an samhlaítí
dóibh céard a déarfadh na comharsana: *Tá ag éirí
go geal leis. Nach aoibhinn don bhean a bhéarfaidh air!*

Na blianta ag sleamhnú níos tapúla tharstu anois,
is do thuistí ag taibhreamh faoi gharpháistí,
an samhlaítear dóibh páistí na gcomharsan ag rá:
*D'fhéadfainn teitheadh leis. Tá seisean chomh
críonna sin go gcaithfidh go raibh sé anseo cheana.*

in the graveyard

Years ago when your parents first dreamt
of you, did they recall what the neighbours
would say: *I could run away with him. That
one is so wise he must have been here before.*

As each birthday dawned, did they dream
of how you would have looked, did they imagine
what the neighbours would have said: *He's going
places. Lucky the girl who gets him.*

As the years pass more quickly now and
your parents dream of grandchildren, do
they imagine the children of neighbours
say: *I could run away with him. That one
is so wise he must have been here before.*

réimeas

Agus scéalta á malartú againn i bpálás
an cheoil-is-cathaoireacha, bainimid bolgaim

as ár ndeochanna. Is gá labhairt os ard
sula mbáifear ag na drumaí muid,

sula ndallfar ag na soilse muid.
Lasmuigh tá ascaill na bpailmeacha

ag déanamh orainn. Breathnaigh a nduilliúr
ag crith sa chlós fad is a dhéanann

an fear a bheadh ina mhéara, lán béil
dá óráid toghcháin arís agus arís eile.

reign

As we exchange stories
in the palace of musical chairs

we sip our wine, but must speak
out loud before the drums

drown us, before the lights blind us.
Outside the avenue of palms

is gaining ground. See how their foliage
flickers in the courtyard, as the man

who would be mayor mouths
his election speech again and again.

néalta

Buille na tubaiste í an oíche a chliseann ar na camraí.
Ba rud amháin é boladh an pheitril is an deataigh,
ach cén chaoi ar féidir cur síos ar bholadh an chaca?

Ábhar grinn é an díospóireacht faoin gcaoi le breith air,
é a bhrú i gcanna lena spraeáil mar ghléas féinchosanta,
ach ar chóir é a rangú mar *Strong* nó *Extra Strong?*

Is cosúil gur cuma leo siúd thart orainn atá ina gcodladh
go sámh mar is iondúil dóibh. Ná níl tionchar ar bith
aige ar na seangáin ná ar na corrmhíolta.

Ach faoi fháinne an lae deifríonn isteach i ndlútheagar,
na néalta a raibh de nós acu sciurdadh tharainn
i ngrúpaí de bheirt nó triúr, cuma pheannaireachta

ar mire de thuar aimsire orthu, is téaltaíonn
os ár gcionn ar sciatháin nuachleitithe chuig áit
nach rachaidh siad ar imirce go deo aisti.

Clouds

The night the sewers give up is the final straw.
The smell of petrol and smoke was one thing
but how to describe the smell of shit?

We joke about how to capture it, compress it
into a canister that could be sprayed in self-defence
but should it be categorised as *Strong* or *Extra Strong*?

All around us no one seems to mind: people
sleep as sweetly and soundly as before. Nor
has it any effect on the ants or mosquitoes.

But at dawn clouds, that have until now
scudded past in groups of two or three,
shaped like a mad calligraphic forecast,

hurry into formation and pass overhead on
newly-fledged wings that carry them to a place
from which they will never again migrate.

andúil

Le cabhair ó athair an athmhuintearais,
bainimid an bhalcóin amach, áit a luímid isteach
ar bhricfeasta, ag alpadh *feta* is cnónna coitianta,
sú caora oráiste á shlogadh againn.

Is féidir linn na clocha duirlinge a fheiceáil ag sní soir
thar shráideanna na seanchathrach agus, amuigh
ar an bhfarraige, na hárthaí ag triall ar Trieste.

Os ár gcomhair amach síneann garraí an ospidéil
agus laistigh den bhalla, breathnaíonn beirt andúileach
an promanád ag sní siar thar na seanchróite salainn agus,

amuigh ar an bhfarraige, na hárthaí ag filleadh ó Trieste.
Agus iad á sá féin, fiafraíonn siad dínn
cén t-am é le nach mbeidís deireanach dá gcoinne.

I lár an bhoird seasann babhla torthaí corcra nár leag
éinne lámh fós orthu. Deirtear liom gur figí iad
is nuair a shuncálaim m'fhiacla i mboige a bhfeola,
tuigtear dom go bhféadfainn leanúint á n-ithe go deo.

craving

With help from the vine of reconciliation
we make it to the balcony where we lay
into breakfast, devouring feta and nuts,
drinking the juice of orange berries.
We can see the cobble-stones wend eastward
over the streets of the old city and, out at sea,
the container ships headed for Trieste.

The hospital grounds stretch out opposite us. From
inside the wall two junkies watch the promenade
wind westward over the old salt pens and out at sea
the container ships headed from Trieste.
As they shoot up they ask us the time so as not
to be late for their appointment.

A bowl of purple fruit lies untouched in the centre
of the table. I'm told they're figs and when
I sink my teeth into the softness of their flesh
I know I could keep on eating them forever.

deireadh samhraidh

Tá an fómhar buailte linn cé gur léir nach
bhfuil a fhios sin ag na dúile: coinníonn an ghrian
uirthi ag lonrú, séideann leoithne bhreá réidh,
faoi mar ba chóir dóibh le linn mhí Lúnasa.

Breathnaímid ár rogha bialann á dúnadh, glas á chur
ar na boird is ar na cathaoireacha; breathnaíonn
na snámhóirí an líne chanbháis, a roinneann
a n-ionad snámha ón aigéan, á tarraingt isteach.

I bhféilire fómhair an chinnidh seo cuireann
díograis na hoibre tart orainn, is dúil dhóite
ar na snámhóirí tumadh san fharraige. Leanann
na longa ag treabhadh na dtonn. Druideann na portáin
is na smugairlí róin níos cóngaraí don trá.

summer's end

It is autumn, though the elements
appear not to realise it: the sun shines
and the breeze wafts just as
they should have done in August.

We watch our favourite restaurant close,
its tables and chairs secured; the swimmers
watch as the canvas line that divides
the swimming place from the ocean is drawn in.

In this autumn calendar of decision the fervour
of the work gives us a thirst, makes
the swimmers yearn to dive in to the water.
The ships continue to plough the waves.
Crabs and jellyfish draw closer to shore.

hotel koper

I seomra an tí leath bealaigh seo cloisim míle guth
ag sioscadh. Siosann míle péire liopaí, seile
á caitheamh acu sula dteitheann siad amach an fhuinneog.

Móra dhaoibh, a dhánta a d'fhéadfainn a scríobh
dá dtiocfainn anseo níos túisce. Eitlígí chuig
an gcufróg, más mian libh, is lorgaigí
tearmann inti go gcuire mé fios oraibh.

In bhur n-ionad faibhríodh focail ar pár nach raibh
coinne agam leo, agus ina dteannta tháinig cairdeas
a d'fhéadfaí a ghalú mar a rinneadh den cheo
an oíche úd ar an mbóthar ó Liúbleána.

hotel koper

In the room of this half-way house I hear
a thousand voices whisper. A thousand sets
of lips hiss and spit before flying out the window.

Poems I would have written had I come
here sooner, I salute you. Fly,
if you must, to the cypress tree and seek
refuge there until I send for you.

In your place words, other than those I had
expected, appeared on paper and with them came
friendship that otherwise might have evaporated
as the fog that night on the road from Ljubljana.

fáilte romhaibh

Bhí mé ag súil go mbuailfeadh mo thaibhrimh
ar ais chugam a luaithe a bheinn socraithe síos
ach is cosúil go bhfuil a bpleananna féin acu.

Inné ba bheag nár rug mé ar cheann acu
ach d'éirigh leis éalú sula raibh mé in ann
breith ar ruainne dár dúradh, spléachadh

a fháil ar na mórthithe ar iompraíodh mé
chucu, ná muinín a chur sna stróinséirí
a bhain fúthu im chloigeann.

Seans go ndúiseoidh mé leath bealaigh tríd
an támhnéal amárach, am a d'fhéadfainn
achainí air mé a sheoladh chuig áit a gcloisfidh mé

port na maighdine mara, a dtabharfaidh mé cluas
do dhúirse dáirse a muintire. Is ansin amháin a bheidh mé
in ann bád a aimsiú a stiúrfaidh ar m'aistear abhaile mé.

welcome

I thought that once I was settled
my dreams would return but it seems
they've plans of their own.

Yesterday I almost caught one
but it managed to sneak off
before I could capture an iota of what

had been said, glimpse the mansions
I had been transported to, or put my trust in
the strangers who had set up house in my head.

Perhaps tomorrow I'll awake
mid-trance and plead to be sent
to where I can hear the mermaids sing,

listen to the gossip of their people.
Only then will I be able to find a boat
that will steer me on my journey home.

Is file, drámadóir agus scriptscríbhneoir í Celia de Fréine. Tá trí leabhar filíochta i gcló aici: *Faoi Chabáistí is Ríonacha* (Cló Iar-Chonnachta, 2001), *Fiacha Fola* (Cló Iar-Chonnachta, 2004) agus *Scarecrows at Newtownards* (Scotus Press, 2005). In 2009 d'fhoilsigh Arlen House dornán drámaí léi dar teideal *Mná Dána*. I measc na ngradam liteartha atá buaite aici dá cuid filíochta tá Duais *Patrick Kavanagh* (1994) agus Gradam Litríochta Chló Iar-Chonnachta (2004). Taispeánadh na gearrscannáin *Lorg*, *Seal* agus *Cluiche*, bunaithe ar dhánta léi, agus an scannán *Marathon* a scríobh sí i gcomhar le Biju Viswanath, i bhféilte in Éirinn agus i Meiriceá in 2007, 2008 agus 2009. In 2009 léirigh *Living Opera*, i gcomhar le *Opera Ireland*, taispeántas den cheoldráma *The Earl of Kildare*, cumtha ag Fergus Johnston, ar scríobh sí an *libretto* dó. Sa bhliain chéanna chuir Amharclann na Mainistreach i láthair léiriú cleachta den dráma *Casadh* a coimisiúnaíodh uaithi. Tuilleadh eolais: www.celiadefreine.com

Celia de Fréine is a poet, playwright and screenwriter who writes in Irish and English. She has published three collections of poetry: *Faoi Chabáistí is Ríonacha* (Cló Iar-Chonnachta, 2001), *Fiacha Fola* (Cló Iar-Chonnachta, 2004) and *Scarecrows at Newtownards* (Scotus Press, 2005). Arlen House published a collection of her award-winning plays *Mná Dána* in 2009. Her poetry has won many awards including the Patrick Kavanagh Award (1994) and Gradam Litríochta Chló Iar-Chonnachta (2004). The short films *Lorg*, *Seal* and *Cluiche*, inspired by her poems, and the film Marathon, written in association with Biju Viswanath, have been shown in festivals in Ireland and the United States in 2007, 2008 and 2009. In 2009 *Living Opera*, in association with *Opera Ireland*, presented a showcase performance of the opera *The Earl of Kildare*, composed by Fergus Johnston, for which she wrote the *libretto*. In the same year the Abbey Theatre presented a rehearsed reading of the play *Casadh* which it had commissioned from her. Further information: www.celiadefreine.com